AF382927

AMEDEO MODIGLIANI

Retratos y desnudos entre tradición y vanguardia

Por Coline Franceschetto
En colaboración con Anthony Spiegeler
Traducido por Laura Bernal Martín

Arte y literatura   50MINUTOS.es

AMEDEO MODIGLIANI

- **¿Nombre?** Amedeo Clemente Modigliani, Dedo para la familia y Modi para sus amigos.
- **¿Nacimiento?** El 12 de julio de 1884 en Livorno (Italia).
- **¿Muerte?** El 24 de enero de 1920 en París (Francia).
- **¿Contexto?** Cuando Modigliani llega a París, la ciudad vive importantes revoluciones artísticas: el impresionismo, que toca a su fin, cede su lugar a los primeros movimientos vanguardistas.
- **¿Obras principales?**
  - *La judía* (1908)
  - *Frank Burty Haviland* (1914)
  - *Jean Cocteau* (1916)
  - *Desnudo echado con los brazos abiertos* (1917)
  - *Desnudo sentado en un diván* (1917)
  - *Jeanne Hébuterne con jersey amarillo* (1918)
  - *Autorretrato* (1919)

A lo largo de su corta carrera, Modigliani no tiene más que un objetivo: conocer en profundidad a la especie humana. A diferencia de sus contemporáneos, no busca promover una nueva concepción artística, pero no por ello deja de desarrollar un arte innovador inimitable y único. Atento a las evoluciones estilísticas de su época al tiempo que se muestra respetuoso con las tradiciones, se mantiene al margen de cualquier tendencia artística y propone su propia visión de la realidad.

Modigliani, de nacionalidad italiana, llega a París en 1906 y enseguida se instala en el barrio de Montmartre, por aquel entonces en plena efervescencia. El pintor, de carácter reservado, se deja llevar por la vida parisina y se relaciona con la bohemia artística en una época en la que Pablo Picasso (1881-1973) y Georges Braque (1882-1963) lanzan uno de los movimientos más revolucionarios de la pintura moderna: el cubismo. No obstante, a pesar de su proximidad con los artistas de la vanguardia, Modigliani se mantiene al margen de su agitación y recupera géneros tradicionales como el retrato y el desnudo, no sin repensarlos. Este espíritu libre observa, prueba cosas nuevas y se impregna de las investigaciones contemporáneas para aportarle a su pintura lo que pueda servir a su ideal: pintar la belleza psicológica del hombre. Así, podemos definir a Modigliani como un «clásico moderno».

CONTEXTO

UN PARÍS DECIDIDAMENTE MODERNO

La segunda mitad del siglo XIX ve cómo Francia entra de lleno en la modernidad. El país, inmerso en la era industrial desde los años 1830, sufre profundos cambios económicos, tecnológicos y culturales.

París en concreto se ve dotado de un nuevo rostro que es el orgullo de sus habitantes. Transformado por los trabajos del prefecto Georges Eugène Haussmann (1809-1891) bajo la égida de Napoleón III (1808-1873), la capital ve cómo sus monumentos y edificios públicos son embellecidos con un encaje de hierro característico de la época, y es provista de anchos bulevares con aceras. De esta forma, el emperador espera favorecer el desarrollo del comercio y de las industrias. En la misma óptica, presenciamos el nacimiento de los bancos y de los grandes almacenes. Además, gracias al desarrollo de las vías ferroviarias también hacen su aparición en el paisaje parisino las estaciones, que permiten a los ciudadanos llegar a zonas rurales, y viceversa.

Gracias a la exposición universal de 1900, París continúa su desarrollo tras el cambio de siglo. En esta época se construyen las primeras líneas de metro, que cambian radicalmente la configuración de la ciudad, ahora decididamente moderna y activa. El ambiente parisino es festivo: se vive al ritmo de sus bares legendarios, teatros y cabarés —como el Folies-Bergère o el Moulin Rouge—. Entonces Francia entra en la segunda fase de la industrialización, que marca el inicio de la mecanización, cuyos sectores de alta tecnología —la aeronáutica, el automóvil y la electricidad— convierten el país en una de las mayores potencias financieras del mundo. Este modernismo ambiente, unido al auge del liberalismo, que favorece la libertad de pensamiento, de expresión y de acción, atrae a un gran número de extranjeros que vienen a instalarse a París en busca de cambio y de una vida mejor.

EL PODER DE LAS VANGUARDIAS

En el plano artístico, el inicio del siglo XX está

marcado por una concentración muy importante de artistas que llegan de toda Europa para instalarse en París. El intercambio y la confrontación de los estilos convierten la capital francesa en uno de los centros artísticos más importantes del continente, e incluso adquiere el título de capital internacional de la vanguardia. Se trata de un momento crucial en la historia del arte moderno, que corresponde a una transformación radical no solo de la escena artística, sino también de los desafíos del arte. En 1925, el escritor y crítico de arte André Warnod (1885-1960) publica un artículo en la revista *Comoedia* en el que define bajo el término «escuela de París» esta comunidad compuesta por artistas franceses y extranjeros residentes en la capital francesa y que aportan una estética diferente marcada por los rasgos culturales propios.

Enseguida aparecen «barrios» de artistas, como ocurre en Montmartre y en Montparnasse, escenarios de una efervescencia artística sin precedentes. En un primer momento, Montmartre es el preferido por los artistas. En esta época, el barrio está aún en construcción y son muchos los descampados que acogen instalaciones improvisadas o en los que uno puede instalarse pagando un alquiler ridículo. Más adelante, Montparnasse y, más concretamente, el barrio Falguière, se convierten en el lugar de encuentro favorito de los artistas. También nacen talleres compartidos, como el Bateau-Lavoir, refugio de los cubistas, o el Atelier Delta, en el que los estilos se mezclan y provocan constantemente el nacimiento de nuevas tendencias, en una verdadera locura inventiva. Porque es de esto de lo que se trata: los artistas de la época, siguiendo la estela de los impresionistas, que fueron de los primeros en romper con la tradición académica, se lanzan a una revolución artística infinita. Así, los movimientos de vanguardia —cubismo, fovismo, futurismo, expresionismo, etc.— se suceden a toda velocidad y renuevan constantemente el lenguaje artístico, rompiendo siempre más y más con la tradición, a menudo bajo un fondo de escándalos. Sin embargo, al margen de estos movimientos también encontramos a artistas aislados, como Constantino Brancusi (1876-1957), Mauricio Utrillo (1883-1955), Diego Rivera (1886-1957), Marc Chagall (1887-1985), Moïse Kisling (1891-1953) y, por supuesto, Amedeo Modigliani.

El impresionismo

El impresionismo nace a mitad del siglo XIX con pintores como Camille Pissarro (1830-1903), Alfred Sisley (1839-1903), Claude Monet (1840-1926) o Pierre-Auguste Renoir (1841-1919). El nombre de impresionistas se les atribuye en 1874 tras una ocurrencia del periodista Louis Leroy sobre el lienzo *Impresión, amanecer* (1872-1873) de Monet. Alejándose de la representación fiel de la realidad, estos artistas pretenden plasmar en sus lienzos una impresión subjetiva y efímera, poniendo por delante sus emociones. Desde el punto de vista estilístico, los impresionistas abandonan el dibujo en favor de pequeñas pinceladas de pintura y emplean colores más claros.

BIOGRAFÍA

LA INFANCIA ITALIANA

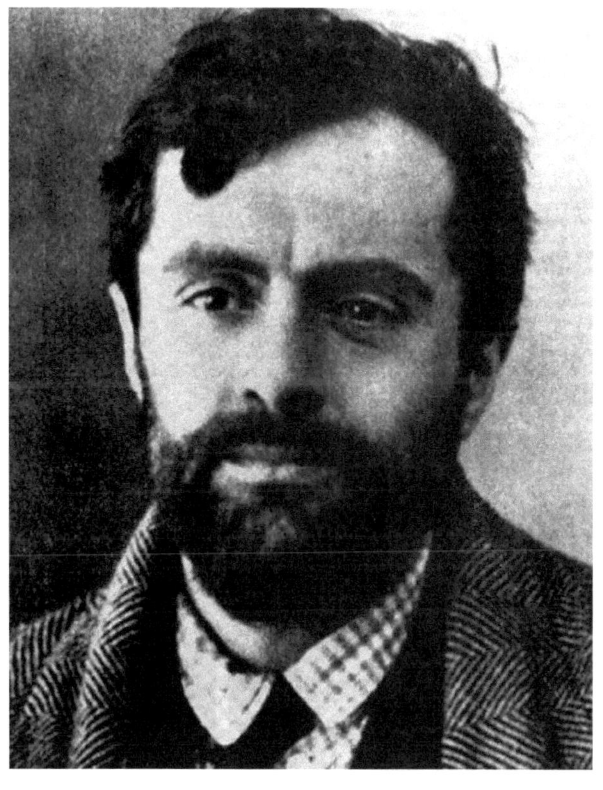

| Amedeo Modigliani en Niza, 1919.

Modigliani, cuarto y último hijo de Flaminio Modigliani y Eugenia Garsin, nace el 12 de julio de 1884 en Livorno, en la Toscana, en el seno de una familia burguesa judeoitaliana que en esta época se encuentra hundida en la miseria debido a la quiebra de la empresa familiar.

Es un niño de constitución frágil que pasa sus días leyendo y atendiendo a las enseñanzas de su madre y de su abuelo materno, un hombre muy culto. No acude a la escuela hasta los 10 años, pero se muestra poco dado al estudio y resulta ser un alumno mediocre. No obstante, en esa época ya se muestra muy interesado por el dibujo. En 1898 sufre graves fiebres tifoideas que hacen que se tambalee entre la vida y la muerte durante mucho tiempo. Durante su enfermedad, el adolescente expresa ardientemente su deseo de formarse en pintura y, una vez recuperado, abandona la vía escolar tradicional y se convierte en alumno del maestro paisajista livornés Guglielmo Micheli (1866-1926) durante dos años.

Su formación se detiene bruscamente cuando contrae la tuberculosis en 1900. Los médicos se muestran pesimistas y su madre, en contra de sus consejos, decide alejar durante un tiempo a su hijo de Livorno: para que recobre la salud lo lleva, convaleciente, a pasar el invierno al sur de Italia, que cuenta con un clima más favorable. Viajan juntos a Capri, Nápoles y Roma, donde Modigliani visita con frecuencia los museos. Cuando regresa a Livorno en la primavera de 1901, el joven pintor decide marcharse a Florencia y se inscribe en la Scuola libera di nudo (literalmente, «Escuela Libre del Desnudo»). En 1903 va a Venecia, donde perfecciona su aprendizaje artístico en el Instituto di belle arti («Instituto de Bellas Artes»). Aquí es donde descubre el impresionismo francés, el simbolismo y la escultura de Auguste Rodin (1840-1917), que despiertan en él un deseo de independencia y un sentimiento de atracción profunda por París.

LA BOHEMIA PARISINA

Modigliani llega a París en 1906, a los 22 años. Se desmarca del mundo burgués del que procede y se instala primero en Montmartre: el cambio de aires es absoluto y la vida bohemia, muy seductora. Continúa su formación en pintura de desnudos, acude a clases en la Academia Ranson en Montparnasse y, en 1907, se inscribe en la

Academia Colarossi, donde conoce a Mauricio Utrillo, que se convertirá en su fiel amigo. Ese mismo año conoce a Paul Alexandre (1881-1968), un encuentro determinante en su carrera tanto humana como económicamente, ya que se convertirá en su primer mecenas. Este joven médico, apasionado por el arte, ofrece a los artistas que lo necesitan un techo y un taller, que Modigliani frecuentará durante un tiempo.

Por otro lado, el año 1907 es una fecha clave en la evolución del estilo de Modigliani: descubre el arte de Paul Cézanne (1839-1906), los dibujos de Toulouse-Lautrec (1864-1901), el fovismo, el cubismo y el arte negro. A pesar de su débil salud, Modigliani adopta el trepidante ritmo de vida de Montmartre, pero sus excesos no influyen en modo alguno en su producción: es un artista convencido, de una exigencia e intransigencia extremas con respecto a su trabajo. Esta perseverancia se salda en 1908 con su participación en el Salón de los Artistas Independientes, donde expone cinco lienzos, entre ellos el de *La judía* (1908), y un dibujo.

En 1909, Modigliani entra en contacto con el escultor Constantino Brancusi, con el que traza vínculos de amistad y que le permite concretizar su ambición de convertirse en escultor. El joven artista se traslada enseguida a Montparnasse, cerca del taller de Brancusi, que practica un arte austero, de una belleza armoniosa y de un carácter idólatra. El joven aprendiz se dedica durante cuatro años únicamente a la escultura, experiencia que se revela crucial en la construcción de su estilo.

LA ÉPOCA DE LOS RETRATOS

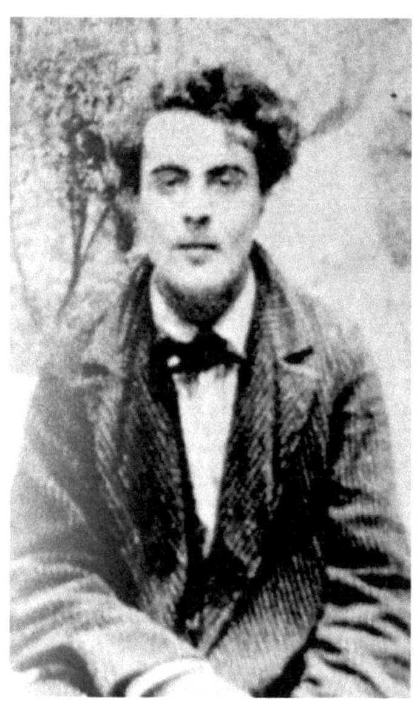

| Modigliani en el jardín de La Ruche en 1914.

Cuando la guerra estalla en 1914, Modigliani se queda en París, eximido del servicio militar debido a su frágil salud. Entonces, abandona la escultura y retoma la pintura: desarrolla su propia vía artística alejándose de sus contemporáneos, y se forja una reputación de gran solitario. El aporte de la escultura en lo que se refiere al tratamiento de los volúmenes, a la limpieza de las líneas y a la búsqueda de lo esencial es perceptible en sus retratos, a los que se dedicará durante el resto de su vida. En este periodo, Modigliani crea una verdadera galería de retratos de los artistas presentes en París. De hecho, se le considera el retratista por excelencia de la bohemia parisina. Aprovechando los encuentros casuales en bares, traza los rasgos de desconocidos a cambio de una copa. Los retratos pintados, por su parte, están más relacionados con encuentros intelectuales o afectivos. De estos años datan los retratos de *Diego Rivera* (1914), de *José Pacheco* (1915), de *León Indenbaum* (1915) o de *León Bakst* (1917).

A través del poeta Max Jacob (1876-1944), Modigliani conoce en 1914 al comerciante de arte Paul Guillaume (1891-1934), gracias al que participa en numerosas exposiciones en su galería. Por primera vez, Modigliani también expone sus obras en el extranjero en una exposición colectiva llamada «Arte del siglo XX», que tiene lugar en la Whitechapel Gallery de Londres. Ese mismo año, conoce a la célebre Beatrice Hastings (1879-1943), periodista, novelista y crítica de arte inglesa, con la que mantendrá una tumultuosa relación que durará dos años, durante los cuales Modigliani se hunde en el alcohol y la droga.

A finales del año 1916, el artista conoce a Leopold Zborowski (1889-1932), un comerciante de arte y poeta ruso que se convierte en su mecenas y en su amigo designado, y una de las pocas personas que realmente cree en el talento y en el potencial artístico de Modigliani. Además de organizarle numerosas exposiciones y de buscarle compradores, Zborwski no duda en ayudar a Modigliani material y económicamente. En el invierno de 1916, el artista mantiene una relación con Simone Thirioux (1892-1921) y con la que concibe un hijo, Gérald, al que nunca reconocerá.

LA SERIE DE DESNUDOS

En abril de 1917, Modigliani conoce a Jeanne Hébuterne, que por entonces cuenta con 19 años. En esa misma época, el artista realiza una serie de treinta desnudos que le harán saltar a la fama en todo el mundo y que reúnen ellos solos todas las características del «estilo Modigliani». El 3 de diciembre, el pintor expone algunos en la galería de Berthe Weill (1865-1951), una célebre galerista de vanguardia, pero esta exposición personal —la única que realizará en vida— acaba pronto, ya que por la noche las autoridades la cierran debido a su carácter libertino. Aunque Modigliani se mantiene apartado de los excesos provocadores de ciertas vanguardias, sus desnudos desatan un escándalo.

En la primavera de 1918, Modigliani y Jeanne Hébuterne abandonan París, amenazado por la invasión alemana, y se refugian en el sur en compañía del artista Chaim Soutine (1893-1943) y de la pareja Zborowski. Aunque no están casados, tienen una hija a la que llaman Jeanne Modigliani y que será el único hijo reconocido por el pintor. Durante su estancia en Niza, este último realiza varios retratos muy distintos a sus obras precedentes. En 1919, Zborowski consigue que se expongan varios lienzos de Modigliani en Inglaterra, y estos tienen éxito. La pareja regresa a París en mayo y espera un segundo hijo. Parece que todo va a mejor, pero a finales de año, Modigliani contrae una meningitis tuberculosa y su estado de salud es alarmante: es llevado de urgencia al hospital de la Caridad durante la noche del 24 de enero de 1920, pero fallece ese mismo día, a los 35 años. Al día siguiente, Jeanne Hébuterne, embarazada de ocho meses, se suicida arrojándose por la ventana. La hermana del artista adopta a su hija, Jeanne.

LA FARSA DE LIVORNO

En 1984, para conmemorar el centenario del nacimiento de Modigliani, el Museo Progressivo D'Arte Contemporanea de Livorno organiza una exposición dedicada a la obra esculpida del artista. Los organizadores proponen para la ocasión comprobar la validez del rumor que afirma que, durante una estancia en Livorno en 1909, Modigliani habría tirado al Fosso Reale (foso de Livorno) algunas de sus esculturas, que juzgaba incompletas y malogradas. Entonces, se encuentran tres cabezas esculpidas que la crítica atribuye al artista. El descubrimiento es espectacular y el entusiasmo, absoluto, pero este decae enseguida: tres estudiantes le revelan a la prensa que ellos son los que han esculpido las cabezas antes de tirarlas al foso. Su intención era demostrar así la ingenuidad de la crítica de arte y demostrar hasta qué punto era fácil crear mitos.

CARACTERÍSTICAS

LA FIGURA HUMANA COMO ÚNICO TEMA

A lo largo de su carrera, Modigliani solo se interesa por un tema: la figura humana, que representa a través de retratos y de desnudos. Nunca se aleja de estos dos tipos de obras, excepto durante sus primeros años de formación y en 1919, cuando pinta algunos paisajes (como *Paisaje en el Midi* o *Árbol y casas*). No obstante, estos últimos no son representativos de su obra y apenas se mencionan.

Ya sea en su obra pictórica o esculpida, Modigliani tan solo representa al género humano, y más en concreto a la mujer, a cuya belleza e intimidad rinde homenaje. Obnubilado por la ambición de transcribir el alma de sus modelos al lienzo, Modigliani no le da ninguna importancia al fondo. Sus cuadros son extremadamente austeros: ningún detalle, accesorio o atributo exterior perturba la presencia perenne del modelo. El espacio en el que se sitúa este último está completamente recubierto de largos fondos lisos de colores monótonos y apagados que obligan al espectador a concentrarse en la representación de la figura humana.

ROSTROS SIMPLIFICADOS, PERO ELEGANTES

Además, Modigliani despoja los rostros de sus rasgos superficiales para no mostrar más que los espirituales, que considera que son los únicos auténticos. Esta búsqueda de la verdad es su *leitmotiv* durante toda su carrera. Pero la estilización y la depuración de sus lienzos no solo permiten acceder a la belleza íntima y psicológica del hombre, sino que también crean elegancia. Gracias a esta simplificación o reducción, el artista inventa un lenguaje plástico formal homogéneo, lineal y abstracto que se reconoce entre los demás. En suma, de cada figura no conserva más que los elementos esenciales.

Los rostros de sus primeros retratos (1915-1916), de forma oval, son tratados de una manera abstracta que parece inspirarse en el cubismo debido a la geometrización de las formas, como es el caso de *Raimondo* (1915), por ejemplo. En un segundo tiempo, sus retratos y sus desnudos se estilizan más y recuerdan al arte primitivo, especialmente al arcaico, al griego o al de los baule (del nombre de un pueblo de Costa de Marfil), que inspiraron al artista para *El hombre con pipa* (1918), entre otros.

Enseguida, el pintor representa órbitas oculares vacías. Más precisamente, reemplaza los ojos de sus personajes por hendiduras opacas negras, blancas o azules de forma almendrada, también inspiradas en las artes primitivas. Este procedimiento priva a sus retratos de toda individualidad y sitúa a sus personajes en una dimensión atemporal llena de melancolía y de ausencia. Pero a pesar de la sensación de vacío ampliamente dominante en los rostros de Modigliani, el espectador se ve perturbado por la sensual ambigüedad que emana de ellos, especialmente perceptible en la serie de desnudos. Finalmente, el cuello de los personajes, deformado y estirado hasta el extremo, es una de las características principales del pintor.

UN TRAZO SENSUAL Y UN COLOR CÁLIDO

Fiel a sus orígenes mediterráneos, Modigliani plasma sobre sus lienzos una cálida sensualidad que nace de un diálogo inteligente entre la línea y el color. Sin embargo, la línea, que aparece como el principal elemento constructivo de sus obras, gana sobre el estilo y el color. Con un solo trazo, curvo y grueso, subraya los volúmenes y los contornos de los cuerpos.

Ante la partición de los objetos y de los rostros mediante el uso de líneas geométricas y de acutángulos (ángulos agudos) preconizada por los cubistas, Modigliani prefiere el ímpetu curvilíneo, que le da al mismo tiempo consistencia y dulzura a las formas.

En lo que respecta al color, la paleta del pintor es, al principio, bastante sobria, dominada por tonos sombríos y terrosos. A continuación, se aclara y los colores se vuelven más cálidos y variados, como podemos ver en sus desnudos y en sus últimos retratos (*Desnudo sentado con collar*, 1917, o *Retrato de Jeanne Hébuterne*, 1919).

Finalmente, cabe destacar que en los lienzos de Modigliani no existen fuentes de luz. La imagen se construye y la plasticidad de las formas se revela solo gracias a las modulaciones del color.

UN CLASICISMO REPLANTEADO

Aunque frecuenta cotidianamente a los artistas vanguardistas, Modigliani privilegia la tradición, intentando explotar todo su misterio y belleza. Así, en sus retratos y desnudos, sus composiciones se inspiran en cuadros célebres o en obras de artistas del Renacimiento. Este es especialmente el caso de *Desnudo acostado* (1916), que recuerda de forma evidente al *Olympia* de Édouard Manet (1832-1883), o incluso del lienzo de *Retrato de Jeanne Hébuterne sentada* (1918), que recuerda a *La embarazada* (1505-1506) de Rafael (1483-1520).

La organización interna de sus obras, más bien académicas debido a la pose hierática de sus personajes y alargada de sus desnudos, cohabita no obstante con una visión decididamente moderna de los géneros. De hecho, Modigliani transforma los códigos tradicionales con el aporte de elementos realistas en sus composiciones, como la presencia de vello público en sus desnudos o la escritura que aparece en sus retratos.

OBRAS SELECCIONADAS

LA JUDÍA

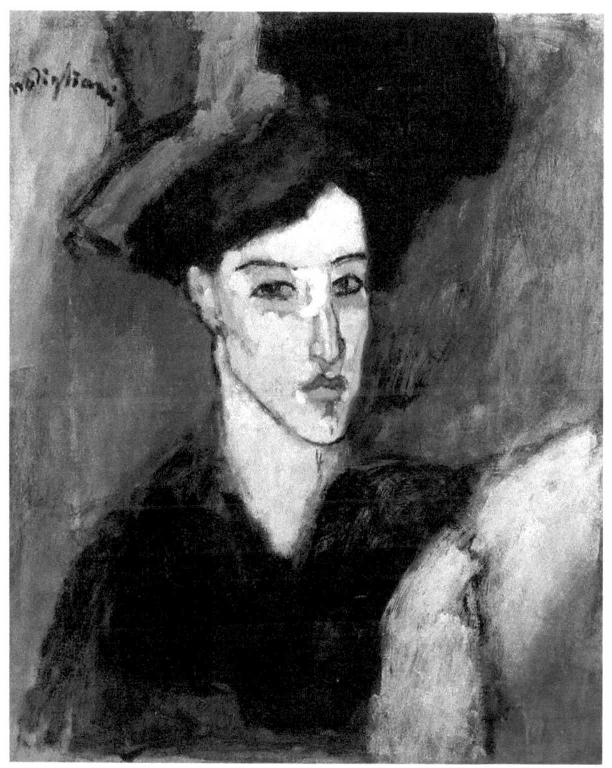

| *La judía*, 1908, óleo sobre lienzo, 54,9 x 46 cm, colección privada, Francia.

Han llegado hasta nosotros pocos de los cuadros que datan de los primeros años de actividad del pintor. Sin embargo, a la vista de sus primeras obras parisinas, a las que pertenece *La judía*, queda claro que Modigliani aún está en plena búsqueda estilística, atento a los aportes de las vanguardias contemporáneas. Este cuadro, presentado en París en el Salón de los Artistas Independientes en 1908, pasa totalmente desapercibido. No obstante, ese mismo año lo compra Paul Alexandre.

En este retrato, Modigliani se inspira sobre todo —en lo que se refiere a los tonos empleados y al cuerpo escuálido de la modelo—, en la etapa azul de Pablo Picasso (1901-1904), dominada por temáticas como la muerte, la vejez o la pobreza. Pero también se constata la influencia de Toulouse-Lautrec, que tiene un efecto liberador en su dibujo y en el tratamiento de la línea, lo que se traduce en trazos rápidos, precisos e incisivos. Finalmente, todavía se detecta el trazo de la pintura fovista en los fondos lisos con capas espesas de colores que forman grandes contrastes —más matizados que las de los fovistas—, que dan al rostro de la mujer un aspecto fantasmagórico que recuerda a las figuras atormentadas de Edvard Munch (1863-1944).

Aunque la composición parece bastante relajada en lo que a tratamiento de las formas y uso aproximativo de los colores se refiere, Modigliani ya tiene por ambición plasmar en el lienzo la psicología de su modelo, de mirada provocante, pero de actitud reservada y escéptica. Asimismo, la atención que se le da al fondo y al cuerpo del personaje fuerza al espectador a concentrarse en el rostro.

CABEZA

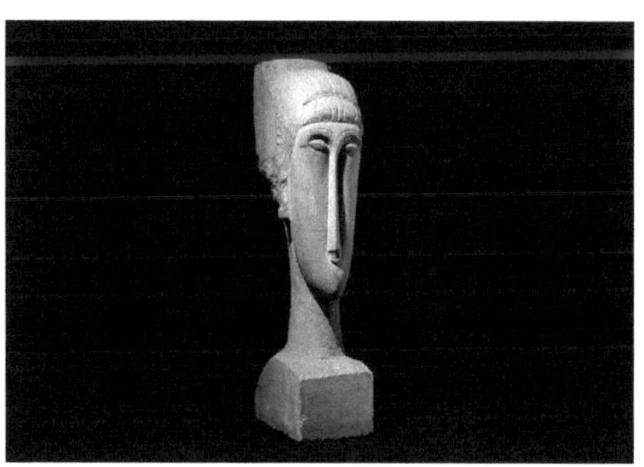

| *Cabeza*, 1911-1913, arenisca calcárea, 63,5 x 15,1 x 21 cm, firmada en la parte trasera como «Modigliani», Nueva York, Solomon R. Guggenheim Museum.

Antes de llegar a París, Modigliani ya había expresado su amor por la escultura. A falta de medios económicos y de espacio, pero también debido a su estado de salud, nunca había tenido la ocasión de poner en práctica sus talentos en este ámbito. Cuenta la leyenda que, al llegar a la capital francesa, y aunque nunca había esculpido una obra, el artista se habría hecho pasar por escultor y no por pintor. En 1909, conoce a través de Paul Alexandre al escultor rumano Constantino Brancusi, también instalado en París. Este encuentro marca el inicio de un ciclo de cuatro años en los que Modigliani abandona por completo su producción pictórica para dedicarse enteramente a la escultura. Brancusi le inicia a las distintas técnicas de la talla directa y, al mismo tiempo, desarrollan y reinventan un lenguaje plástico propio a la escultura que, según lo que dice Modigliani, está «muy enferma».

En la serie de *Cabezas*, el artista se inspira directamente en las esculturas primitivas y arcaicas —muy en boga en la época entre la vanguardia parisina—, más en concreto en su lenguaje sintético, que reduce, simplifica y reelabora las formas confiriéndoles un aspecto decorativo personal.

Esta forma de proceder le permite combinar el lado estático y hierático de la escultura italiana clásica con las investigaciones cubistas sobre deconstrucción de las formas. Impregnándose de estas distintas influencias, Modigliani consigue crear un estilo que aúna la línea flexible y redondeada con la línea más rígida e inconexa del cubismo. Enseguida, su obra plástica adquiere de esta manera una gran homogeneidad y una unicidad estilística. Sus figuras son alargadas, ocupan muy poco espacio, y su rostro es impersonal, sobrio, abstracto, estilizado al extremo, reducido a su más simple expresión y cerca del arquetipo. El cuello también está estirado y los ojos no son más que contorno. En su búsqueda de la belleza ideal, Modigliani depura al extremo la materia y genera obras atemporales de una elegancia sin parangón, que incitan al recogimiento y a la contemplación.

PAUL GUILLAUME SENTADO

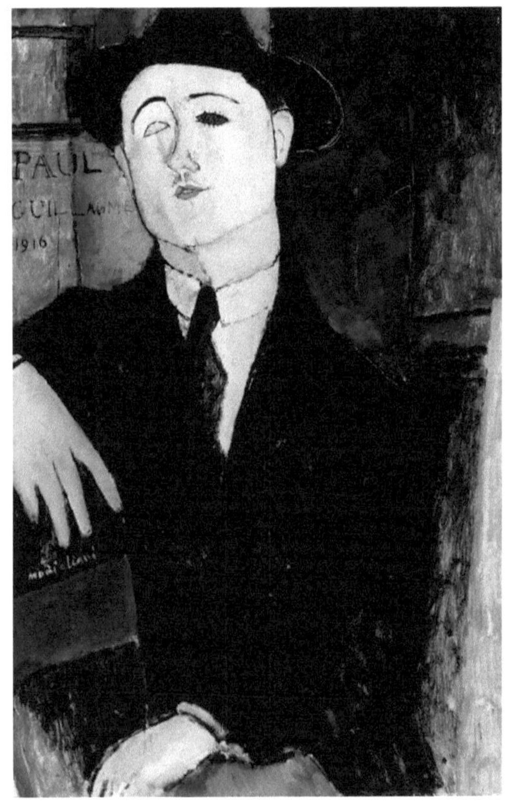

| *Paul Guillaume sentado*, 1916, óleo sobre lienzo, 80,5 x 54 cm, Milán, Galleria Civica d'Arte Moderna.

Entre los retratos de Modigliani, se distinguen

dos tipos: por un lado, retratos de amigos y de conocidos y, por otro, retratos de desconocidos. Paul Guillaume, al que conoce en 1910 a través del poeta Max Jacob, se convierte enseguida en el principal comprador y protector de Modigliani, que le apoda «il nuovo pilota» («el nuevo piloto»). Paul Guillaume es, en realidad, uno de los comerciantes de arte parisinos más inteligentes y hábiles de la época. Es sobre todo él quien introduce el arte negro en París.

La experiencia de la escultura se revela benéfica para la pintura de Modigliani y le lleva a desarrollar un lenguaje plástico reconocible por todos. Como se comprueba en el retrato de *Paul Guillaume sentado*, su estilo se vuelve más lineal, sus formas presentan contornos ligeramente arqueados y el conjunto del cuadro refleja un carácter bidimensional. La figura es estilizada y presenta incongruencias proporcionales asombrosas: un largo trazo, un cuerpo estirado, pupilas almendradas monocromáticas y asimétricas. Con este cuadro asistimos a una esquematización de la fisionomía que, gracias al trazo marcado del dibujo, pone de relieve todas las características distintivas del modelo.

El artista se concentra especialmente en la retranscripción del estado psicológico de su modelo, llegando incluso a caricaturizarlo. Modigliani nos ofrece así un retrato introspectivo de Paul Guillaume, y busca fijar la la naturaleza íntima de su personaje a través de la simplificación de su rostro y de la reducción de todo elemento narrativo o decorativo. Paul Guillaume parece invadir un espacio atemporal. Además, uno de los ojos del joven comerciante de arte está cerrado. Cuando Paul Guillaume le pregunta por qué le ha dejado ciego de un ojo, el pintor le responde: «Porque con uno miras el mundo y con el otro miras en ti mismo» (Historia del Arte s. f.).

DESNUDO ECHADO CON LOS BRAZOS ABIERTOS

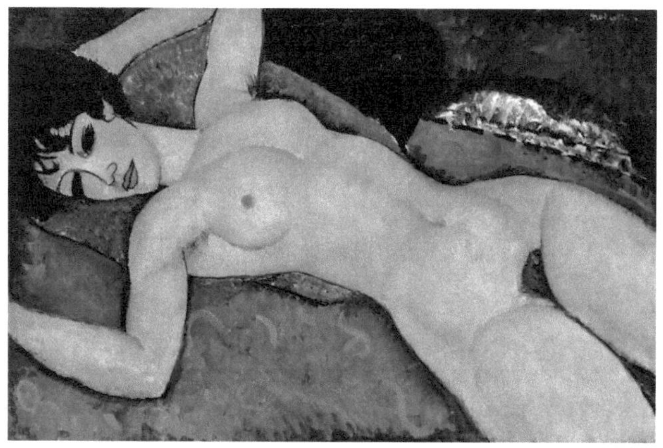

| *Desnudo echado con los brazos abiertos*, 1917, óleo sobre lienzo, 60 x 92 cm, Milán, colección privada.

Este lienzo, presentado durante la primera exposición personal de Modigliani en la galería de Bethe Weill, integra la serie de desnudos realizada por Modigliani a partir de 1917, una especie de paréntesis que interrumpe su producción de retratos y celebra la belleza femenina. Aunque el tema sigue siendo tradicional una vez más —se trata de un desnudo femenino—, la visión del cuerpo que Modigliani nos propone es, por su parte, completamente moderna y rompe con el academismo, ya que está libre de toda pudicia. La presencia de vello público, la posición de la modelo, su anatomía generosa y, finalmente, sus proporciones de formas estilizadas nos presentan un ideal de belleza muy diferente al ideal clásico, que casi le confiere a esta figura femenina un estatus de madona contemporánea.

La línea ligeramente curva, muy apreciada por Modigliani, aporta al cuadro una elegancia y una finura sin par, haciendo destacar los contornos y las formas del cuerpo. Todo en la obra nos impulsa a mirar a esta mujer desnuda: su posición oblicua, su proximidad visual, su mirada vacía, su tez cálida o la ausencia de fondo. Pero paradójicamente, el lienzo nos deja indiferentes y la modelo, artificial y casi una caricatura, resulta enseguida hermética a las miradas, todo ello sin perder su sensualidad.

JEANNE HÉBUTERNE CON JERSEY AMARILLO

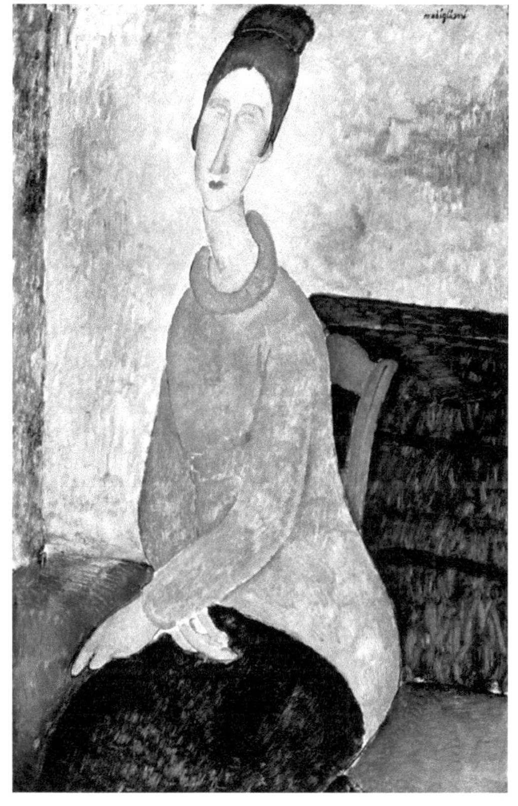

| *Jeanne Hébuterne con jersey amarillo*, 1918, óleo sobre lienzo, 100 x 64,7 cm, Nueva York, Solomon R. Guggenheim Museum.

A lo largo de los dos últimos años de su vida, Modigliani pinta al menos 25 lienzos tomando como modelo a su pareja, Jeanne Hébuterne. Conocerla en 1917 le procura un poco de paz en una vida desatada y miserable, y le sirve de inspiración para concebir las más bellas obras. Este retrato de Jeanne data de la estancia del artista en el sur de Francia (1917-1918) y presenta las características principales de sus últimos cuadros.

Desde que llega al sur, su paleta adopta una tonalidad más clara y sus colores se vuelven más alegres. Los ojos de sus personajes se tiñen de un color azul pálido que armoniza perfectamente con los otros tonos de sus lienzos, como es el caso en *Jeanne Hébuterne con jersey amarillo*. Las pinceladas, por su parte, se vuelven mucho más ligeras y la superficie menos lisa que antes: se observa la influencia de Cézanne en el espesor del trazo y en la elección de los colores.

La pausa adoptada por Jeanne es característica de los retratos de Modigliani: los brazos caen y se apoyan pasivamente en las rodillas, la mirada está absorta y los hombros caídos. La línea alargada se trata de manera más manierista, sobre todo en el cuello, los brazos y el rostro. Al contrario de lo que sucede con los retratos parisinos, que se acercan a una caricatura, los retratos de estos últimos años se distinguen por una desaparición total de los rasgos individuales de los modelos en favor de un arquetipo universal, a la imagen de las esculturas del artista. Por otra parte, observamos la poco habitual atención que se le presta al fondo.

AMEDEO MODIGLIANI, UNA FUENTE DE INSPIRACIÓN

El arte de Modigliani es decididamente distinto, único y reconocible entre los demás. Aunque la obra de este artista no cuenta con seguidores oficiales y no da nacimiento a un movimiento ni a una escuela particular, conviene sin embargo señalar su papel principal en la historia del arte: el de una obra innovadora al mismo nivel que los demás movimientos de vanguardia de principios del siglo XX. Modigliani y los artistas de su época contribuyen en efecto a asentar definitivamente el arte moderno.

Por arte moderno, hay que entender una ruptura definitiva con los cánones del arte clásico. Iniciado en los años 1870 por los impresionistas, el arte moderno rechaza las normas académicas —jerarquía de géneros, importancia del dibujo, acabado liso, personajes idealizados— y reivindica una nueva manera de pintar. La Antigüedad clásica ya no se considera una referencia absoluta y los temas son decididamente modernos. Estas transformaciones abren las puertas a toda una generación de pintores, a la que pertenece Modigliani, que lleva aún más lejos la ruptura con el academismo, desarrollando un arte radicalmente nuevo. El cubismo, cuyos principales representantes son Georges Braque y Pablo Picasso, investiga sobre la descomposición y la reconstrucción de los volúmenes. Los artistas fovistas, sobre todo Henri Matisse (1869-1954) y André Derain (1880-1954), inventan un nuevo lenguaje artístico fundado en el color puro. El expresionismo, que cuenta entre sus filas con Jacques Lipchitz (1891-1973) y Chaim Soutine, propone una visión deformada y exacerbada de la realidad mediante un empleo violento del color. El futurismo, que reagrupa sobre todo a artistas italianos, entre los que se encuentra Gino Severini (1883-1966), se presenta como una oda a la modernidad, a la velocidad y a las máquinas.

Esta abundancia de investigaciones artísticas permite así a las siguientes generaciones desarrollar un arte libre de todo yugo reductor y anunciar, a partir del año 1945, el nacimiento del arte contemporáneo.

EN RESUMEN

- Amedeo Modigliani, nacido en 1884 y fallecido en 1920, tiene una trayectoria muy breve pero extremadamente productiva. Alimentado por la tradición pictórica clásica, consigue conjugar en sus obras su respeto por la tradición con las investigaciones artísticas de su época.
- En efecto, Modigliani evoluciona en el ambiente vanguardista parisino del período de transición que supone el paso del siglo XIX al XX. París se considera en esta época capital internacional de la vanguardia, y son muchos los artistas extranjeros que se instalan en la ciudad, lo que da lugar a un intercambio artístico sin precedentes que está en el origen de numerosas tendencias a cada cual más innovadora.
- Los temas favoritos de Modigliani son los retratos y los desnudos, que suponen el grueso de su producción. A Modigliani le gustan especialmente las mujeres y los rostros femeninos.
- Sus cuadros son muy sobrios, puesto que no presentan ningún accesorio o rasgo exterior

y carecen de fondo. Solo la figura humana le interesa al artista, que pretende acceder en unas pinceladas a la belleza psicológica de sus modelos. Para lograrlo, despoja los rostros de sus rasgos superficiales para concentrarse en lo esencial, con unas formas depuradas y una estilización llevada al extremo que definen por sí solos el estilo del artista.

• La carrera de Modigliani puede dividirse en varios periodos diferenciados. En un primer tiempo, solo pinta retratos y, en 1909, abandona por completo la pintura para dedicarse a la escultura. Esta experiencia plástica le permite elaborar un vocabulario visual y técnico que reutiliza en sus retratos a partir de 1914. Finalmente, en 1917, se entrega a una serie de desnudos que pueden considerarse como su obra más importante, y que de hecho serán los que lleven a la fama al artista.

¡Tu opinión nos interesa!
¡Deja un comentario en la página web de tu
librería en línea,
y comparte tus favoritos en las redes sociales!

PARA IR MÁS ALLÁ

FUENTES BIBLIOGRÁFICAS

- Cachin, Françoise. 1972. *Tout l'œuvre peint de Modigliani*. París: Flammarion.

- Charles, Victoria. 2014. *Modigliani*. París: Parkstone Press.

- Durieu, Pierre. 1998. *Modigliani*. París: Hazan.

- Historia del Arte, «Amedeo Modigliani. Paul Guillaume sentado». Consultado el 14 de septiembre de 2017. http://www.historiadelarte. us/pintores/modigliani/modigliani-paul-guillau- me-sentado.html

- Krystof, Doris. 2013. *Modigliani*. Colonia: Taschen.

- Marini, Francesca. 2008. *Modigliani*. Milán: Skira.

- Modigliani, Jeanne. 1998. *Amedeo Modigliani. Une biographie*. Vllo: Éditions Olbia.

- Noël, Alexandre. 1993. *Modigliani inconnu. Témoignages, documents et dessins inédits de l'ancienne collection de Paul Alexandre*. Amberes: Fonds Mercator.

- Parisot, Christian. 1996. *Amedeo Modigliani. 1884-1920. Itinéraire anecdotique entre France et Italie*. París: ACR éditions.

- Parisot, Christian. 2005. *Modigliani*. París: Gallimard.

- Pontiggia, Elena. 2006. *Amedeo Modigliani. Le lettere*. Milán: Abscondita.

- Secrest, Meryle. 2012. *Modigliani. L'uomo e il mito*. Milán: Mondadori.

FUENTES ICONOGRÁFICAS

- *La judía*, 1908, óleo sobre lienzo, 54,9 x 46 cm, colección privada, Francia. La imagen reproducida está libre de derechos.

- *Cabeza*, 1911-1913, arenisca calcárea, 63,5 x 15,1 x 21 cm, firmada en la parte trasera como "Modigliani", Nueva York, Solomon R. Guggenheim Museum. La imagen reproducida está libre de derechos.

- *Paul Guillaume sentado*, 1916, óleo sobre lienzo, 80,5 x 54 cm, Milán, Galleria Civica d'Arte Moderna. La imagen reproducida está libre de derechos.

- *Desnudo echado con los brazos abiertos*, 1917, óleo sobre lienzo, 60 x 92 cm, Milán, colección privada. Milán: colección privada. La imagen reproducida está libre de derechos.

- *Jeanne Hébuterne con jersey amarillo*, 1918, óleo sobre lienzo, 100 x 64,7 cm, Nueva York, Solomon R. Guggenheim Museum. La imagen reproducida está libre de derechos.

PELÍCULA

- *Modigliani*. Dirigida por Mick Davis, con Elsa Zylberstein, Andy Garcia e Hippolyte Girardot. Reino Unido, Alemania, Rumanía, Francia e Italia: Lucky 7 Productions LLC, Media Pro Pictures, Alicéléo, Bauer Martinez Studios, Buskin Film, CineSon Entertainment, Frame Werk Produktion GmbH & Co. KG, France 3 Cinéma, Istituto Luce, The Tower Limited Liability Partnership y UKFS, 2004.